Norbert Wickbold

Was seht ihr denn?

42

Gedichte und Gedanken

Norbert Wickbold

Was seht ihr denn?

42
Gedichte und Gedanken

1. Auflage
Copyright © 2015 by Norbert Wickbold
Layout,Umschlaggestaltung und Illustration: Norbert Wickbold
Korrektorat: Irene Wickbold
Verlag: tredition GmbH, Hamburg
Printed in Germany

ISBN: 978-3-7323-1126-2 (Paperback)
ISBN: 978-3-7323-1127-9 (Hardcover)
ISBN: 978-3-7323-1128-6 (e-Book)

Bibliografische Information der Deutschen Nationalbibliothek: Die Deutsche Nationalbibliothek verzeichnet diese Publikation in der Deutschen Nationalbibliografie; detaillierte bibliografische Daten sind im Internet über http://dnb.d-nb.de abrufbar.

Was seht ihr denn?

Sorgen und Glück   1.   (1985)

Sorgen sich borgen.
Nimmt keiner zurück.
Immer mehr borgen.

Vielleicht habe ich Glück
und du nimmst sie morgen
oder übermorgen zurück.

Dimensionen   2.   (1987)

Die meisten wachsen in die Länge,
viele wachsen in die Breite,
doch nur wenige wachsen in die Tiefe.

Ja, Jahr – ein Jahr.
So schnell geht ein Jahr zu Ende.
Rastlos eilen die Ereignisse an uns vorbei
– und wir rennen ihnen nach.

Warum rasten wir nicht?
Warum lassen wir uns mit ihnen fortreißen?
Sie schrecken unsere Gemüter,
doch wir bleiben ihre treuen Diener.

Einmal inne zu halten!
Dies alles von ferne nur zu betrachten.
Es aufzuschreiben, um die Gespenster,
die in unseren Hirnen spuken, zu vertreiben.

Sich freuen an den glücklichen Zeiten,
Die da waren und noch kommen.
Ein lachender Mund ist schön, Doch was wir
noch mehr brauchen ist ein lachendes Herz!

Und können wir Freude in unsere Herzen lassen,
Die gefüllt sind mit des Alltags Sorgeneintopf?
Die Suppe muss gegessen werden
– jeden Tag, randvoll bis zum überlaufen.

Oft zum Verbrennen heiß.
Den Nachtisch, den gibt's dann später...
Und später, dann haben wir uns
der Süße des Lebens unmerklich entwöhnt.

Ein Glück, wir haben's geschafft:
Den Tag, das Jahr
– und das Leben?
Wann war das?

* Aus dem Roman: Die Wiederkehr der Morgenlandfahrer
  2015 im gleichen Verlag veröffentlicht

An das Grau*   4.   (1989)

Grün wird grau, aschengrau.
Blau wird grau, stahlgrau.
Gelb wird grau, betongrau.

Rot wird Glut,
Glut wird Rauch, rauchgrau.
Atemhauch ist nebelgrau.

Meine Augen sie schauen
täglich dasselbe Grauen.
Morgengrauen ist nebelgrau.

Das Leben ist gut,
umgibt uns mit den schönsten Farben,
wir können's nicht besser haben:

Anthrazithgrau, betongrau, chromgrau,
dämmergrau, eisengrau, fahlgrau,
granitgrau, kieselgrau, lumpengrau,

silbergrau, novembergrau, platingrau,
regengrau, steingrau, trübgrau,
wolkengrau, zementgrau, mausgrau...

–mausgrau? Was ist Maus?
Maus ist tot. Totenbleich.
Leichengrau im Totenreich.

Totenreich macht alles grau
gr...au...
au."

* Aus dem Roman: Die Wiederkehr der Morgenlandfahrer
  2015 im gleichen Verlag veröffentlicht

Der Glücksstern * 5. (2005)

Wenn mitternachts Sadalmelik aus dem Nebel sich zeigt,
gib acht, weil nun der Glücksstern des Königs aufsteigt.
Vom Okzident mutig aus namenlosem Volke
Sadalachbia sich zu ihm gesellt.
Und vom Orient an seiner Seite
Sadalsuud erscheint – als Glücksstern der Welt.
Wer wandelt und kann diese Zeichen
am Himmel in Klarheit sehen,
der wird in Freiheit mit Skat
zu den sieben Quellen recht gehen,
und bewirken blühende Wunder,
trotz großer Pein und Gefahr,
schaffen üppige Gärten, wo lange
Ödnis und Wüste nur war.
Wenn fortan mit Macht die wahren
Liebestaten aus mutigen Herzen quellen,
und sich ausweiten und vereinigen
in lebendig wachsenden Wellen,
wird aufsteigen das Licht der Welt
und einen neuen Kreislauf beginnen.
Und vor ihm wird, wie Wasserdampf,
die Macht des Tieres im Nichts verrinnen.

* Aus dem Roman: Die Wiederkehr der Morgenlandfahrer
  2015 im gleichen Verlag veröffentlicht

12

Deine Quelle *   6.   (2005)

Dies ist das Wasser deiner Quelle,
Sie allein stillt deinen Durst.
Die Quelle entspringt genau hier,
nicht irgendwo dort in der Wüste,
sie entspringt einzig in dir.
Indem du aus dieser Quelle schöpfst,
bist du das Geschöpf.
Indem du anderen von deiner Quelle gibst,
bist du der Schöpfer.
Darum halte stets deine Quelle rein.

Sadalmelik ist eine arabische Bezeichnung für den „König." Der Stern ist 3000 mal heller als die Sonne.

Sadalsuud bedeutet im altarabischen „Allerwelts-Glücksstern." Seine Leuchtkraft ist 2000 mal stärker, als die unserer Sonne.

Sadalachbia steht für den „Glücksstern der Zelte." Er ist 55 mal heller als die Sonne.

Skat besitzt die 98fache Sonnenleuchtkraft.

* Aus dem Roman: Die Wiederkehr der Morgenlandfahrer
  2015 im gleichen Verlag veröffentlicht

Der Morgenstern*

„Wenn dein Stern am Firnament aufgeht
Mut und Kraft dir auch zur Seite steht.
Was immer du beginnst wird dir gelingen,
mit Liebe kannst du wahre Freude bringen.

Folg' deinem Morgenstern, folg' deinem Morgenstern,
scheint er auch fern!

Es wurd' ein Licht dir in dein Herz gegeben,
das leuchtet dir und leitet dich durchs Leben.
Früh morgens ist ein Stern dir aufgegangen
zeigt dir, auf welchen Weg du sollst gelangen.
Der Stern kann dir die Ziele nennen,
doch dein Innerstes muß dafür brennen.

Folg' deinem Morgenstern, folg' deinem Morgenstern,
scheint er auch fern!

Lass niemals dich von deinem Licht ablenken,
du kannst getrost deinen Besitz wegschenken.
Was immer auch geschieht, du bist nie verloren,
aus deinem wahren Licht wirst du neu geboren.

Folg' deinem Morgenstern, folg' deinem inn'rem Licht,
vergiss es nicht!"

WEH-WORTE

Wer weiß... **   8.   (2008)

Wer weiß, wie wirr wir werden?
Wer weiß, wie weise wir werden?

Wer weiß, wie welk wir werden?
Wer weiß, wie wild wir werden?

Wer weiß, wie wund wir werden?
Wer weiß, wie weit wir werden?

Wisse, wir werden, was wir wollen,
wenn wir wissen, was wir werden wollen.

---

* (Seite 14) Aus dem Roman: Die Wiederkehr der Morgenlandfahrer
  2015 im gleichen Verlag veröffentlicht. Melodie: *Aquarius*, aus dem
  Musical Hair

** Aus: Wer weiß, wie wir mal werden –
  Selbstentwicklung kreativ fürs Alter nutzen
  2014 im gleichen Verlag veröffentlicht

Wunder *   9.   (2006)

Wie-viel weltweit wirkende Wunder
werden wir wahrnehmen,
wenn wild wirkender Wirtschafts-
Wahnsinn widerstandslos
warmherziger Wohltätigkeit
weicht?

Wasser *   10.   (2005)

Wenn Wasser wehrlos weicht, wachsen Wüsten.
Wo Wachsamkeit weicht, wachsen Widrigkeiten.
Wenn Wahrheit weit weg, wirkt Wahrhaftigkeit
wahre Wunder.

Wann werden Warenwerte wirklich wahre Werte?
Werden wesenlose Waschbetonwüsten wohnlich?
Wird Wirtschaftswachstum wirklich wohltätig?

* Aus dem Roman: Die Wiederkehr der Morgenlandfahrer
  2015 im gleichen Verlag veröffentlicht

Wir wollen *   11.   (2006)

Wir wollen weltweit Wasser wirksam wahren.
Winzige Wellen werden wuchtige Wogen,
Windige Wüsten werden wohlige Wiesen,
Wehmütige Würmer werden wagemutige Werker,
Wünschend Wartende werden wollende Wanderer,
Wahrhaftige Worte werden wirkliche Wohltaten,
Widerliches Wischwasser wird wertvolles Weihwasser.

Wir wollen wirkliches Wasser.
Wasser wirkt Wunder!
Wasser wirkt.
Wunder.
Wir.

* Aus dem Roman: Die Wiederkehr der Morgenlandfahrer
  2015 im gleichen Verlag veröffentlicht

Was wir wärmstens wünschen   12.   (2006)

Wohlwollende Wertschätzung,
warmherzige Wirkungskreise,
wohltätige Wertschöpfung,
weitreichende Wirkungsweise.
Worauf warten wir?
Warten – warum?
Werden!

Wahre Wonne   13.   (2015)

Wer weiß, wo wohltuende Wonne wohnt
wird wissen,
wie Wunden wieder Wunder werden.

Wann?   14.   (2006)

Wo wohlklingende Worte
wirklich wahr werden,
wo wertlosen Wahrheiten
wachsam widersprochen wird,
wo wahnwütigen Würdenträgern
willensstark widerstanden wird,
werden weisheitsvolle Wesen wirklich
weiterkommen –
werden wahrhaftige Wunder
wirksam werden.
Wann wird´s werden?
Wann?

Wenn wir wollen   15.   (2007)

Wenn wir wollen, werden wir wachsen.
Wenn wir warten, werden wir welken.
Wenn wir wanken, werden wir weichen.
Wenn wir´s wagen, werden wir´s wissen.

Wut

Wie oft geht man dir an den Kragen?
Doch lässt du's zu, dass man dies mit dir tut.
Es schmerzt so sehr, doch wagst du's nicht zu sagen,
weichst schnell zurück und bleibst stets auf der Hut.
Selten hört man von dir scheues Klagen,
ganz tief in dir spürst du, wie weh es tut.
Es schlägt auf Galle dir und Magen,
kein Schornstein raucht, erloschen ist die Glut.
Ganz unten sitzt – wie du selbst – dein Unbehagen,
ein Fels aus Groll und Ärger auf dir ruht.
Unschlüssig quälst du dich, mit Zaudern und mit Zagen,
aufstehen, und was zu sagen, fehlt dir der Mut.
Längst spürst du, du musst es endlich wagen.
Etwas keimt in dir: Was lange währt, wird endlich gut.
Ein Funke –
dann brennt's, du kannst es nicht mehr ertragen,
so wird, was lange gärt, nun endlich Wut!

Verabredung verdreht Verstand.
Verlieben versucht.
Vernunft verschwunden.
Verzückt versunken.
Vergnügen verkürzt.
Verstand vertreibt Verliebtheit.
Verspieltheit vergeht.
Verlangen versiegt.
Verständigung verlernt.
Verhältnis verkannt.
Verliebtheit verloren.
Vertrauen verspielt.
Verlieben verflucht –
Versucht, verloren,
Vergessen.

Wo sind all die Indianer – wo die vielen Robin Hood's?
Überleben Nächstenliebe und Menschlichkeit in Zeiten
des staatlich verordneten Egoismus?
Warum sind gerade jetzt die vielen Friedenskämpfer, die
sozial engagierten, die sich für Gerechtigkeit einsetzenden
Menschen verschwunden?
Was muss noch alles passieren, das wir uns rühren?
Wie lange dauert es, bis die Wirtschaft alles von uns
aufgefressen hat, was menschlich an uns war?
Wann wird die Wirtschaft den Menschen besiegen?
Wer hat den Mut, den neuen Trend, den Trend zur
Menschlichkeit zum Überleben zu verhelfen?
Gerade jetzt bedarf es mutiger Menschen, die nicht
aus Angst davor, zu verlieren, was schon verloren ist,
das aufgeben, was einzig in der Lage ist,
dem Abbau wirksam zu begegnen:
Deine Kraft!
Oder müssen wir darauf warten, dass es uns erlaubt wird,
einen neuen Häuptling zu wählen und hoffen,
dass er uns die Verantwortung abnimmt
und den neuen Trend zur Menschlichkeit einleitet?

Gedanken beim Hören eines Liedes von »Pur« während des Wahlkamp-
fes für die Bundestagswahl im Jahre 1998, die dann zu einen Regierungs-
wechsel für Rot-Grün und zum Kanzlerwechsel führte
(Der Trend zur Menschlichkeit lässt immer noch auf sich warten).

Sankt Martin teilt sein Hemd nicht mehr.
Der Edle braucht es selbst so sehr.
Sein Mantel wurd' ihm gänzlich ausgezogen.
Der gute Mensch unbarmherzig betrogen.
Denn er ist unter dreiste Räuber gekommen,
die ihm sein Weniges einfach abgenommen.
Die Diebe taten dies mit größten Ehren,
zum Wohle hochgelobter, feiner Herren.

Barmherzig heißen nur der reichen Herren Taten.
Die Armen können lange auf deren Hilfen warten.
Kriegen zurück, die geraubten Mäntel, zu hohem Preis,
für die sie schon gearbeitet, mit saurem Schweiß.
Keinem Menschen fühlen die Herren sich verpflichtet,
auf Geldvermehrung ist ihr Denken stets ausgerichtet.

Christophorus werden die Arme so schwer,
Niemanden trägt er noch über das weite Meer.
Statt die Armen zu retten vorm Ertrinken,
sorgt er, dass die Aktienkurse nicht sinken.
Für die Not der Hoffnungslosen ist er jetzt blind.
Tosende Wogen, wo Flüchtlingskinder versunken sind!
Kein Armer soll betreten das christliche Land
und so verweigert man ihnen dir rettende Hand.

Was durch die christliche Leitkultur aus den christlichen Leitfiguren
wurde.

Vielleicht   20.   (1995)

Vielleicht ist vieles leicht
und nur das Wenige ist schwer,
weil wir's noch nicht erreicht
– ganz ohne Gegenwehr.

Würde und Sein   21.   (2009)

Sein oder Nichtsein?
Das war einst die Frage.
Mein oder Nichtmein
heißt's unserertage.

Unantastbar war des Menschen Würde
und zählte uns, als der höchste Wert.
Heut steht davor eine große Hürde:
Im Bankhaus wird berechnet der Wert.

Wer Kreditwürdigkeit konnt' nicht erlangen,
muß weltweit um Recht und Würde bangen.
Wer nicht kann Zins und Zinseszins begleichen,
sieht mehr und mehr seine Menschenrechte weichen.

Vergangenheit   22.   (2010)

Was ist denn meine Vergangenheit,
viel mehr als meine bloße Eitelkeit?
Aus welcher Fülle von Geschichten
kann ich mit Fug und Recht berichten?
Was gilt – ich weiß es längst nicht mehr.
Die Erinnerungen – wo kommen sie wirklich her?

Verzaubert   23.   (2011)

Verzauberte Zwerge waren wir,
die eifrig über alles Große staunten.
Wir hörten Stimmen, die nicht von hier
doch geheimnisvoll uns in die Ohren raunten.

Als entzauberte Riesen, die wir heute sind,
kann das wirklich Große uns nicht erregen.
Doch im Herzen unten sehnt sich ein Kind,
mit leisem Hauch nach dem Zauber von Engelssegen.

Botschaft einer Ehefrau an ihren alzheimerkranken Mann**

24.   (2008)

Was früher war, hat sich verloren,
als alter Mann wurd´ ich geboren.
Ich weiß nicht mehr, wann das war,
ich weiß nur, ich war einfach da.
Mein Leben ist wie ein kurzer Klick,
es verweilt nur einen Augenblick,
und wenn dieser ist vergangen,
hat das nächste Leben schon angefangen.

Ich bin zwar mittendrinnen,
doch immer grad´ erst am Beginnen.
Wie soll ich dieses Rätsel nur verstehen,
dass die Dinge so schnell vergehen?
Ob ich wohl immer sterbe,
und wieder neu geboren werde?
Ich bin nicht tot, hab´ keine Lebendigkeit,
bin nur ein Spielball der Vergesslichkeit.

** Aus: Wer weiß, wie wir mal werden –
Selbstentwicklung kreativ fürs Alter nutzen
2014 im gleichen Verlag veröffentlicht

Was werden wohl Demente denken,
wenn abends sie ihre Lider senken?
Wenn Leib und Seele ruhen in weichen Kissen,
kommt dann zurück im Schlaf ihr ganzes Wissen?

Was werden wohl Demente spüren,
wenn sich langsam schließen alle Türen?
Wenn sie wandeln zwischen fremden Stühlen,
werden sie verstehen, allein nur in Gefühlen?

Was werden wohl Demente träumen,
wenn sie entrückt den fremden Räumen?
Werden nicht mehr vergessne Worte quälen
und einzig noch ferner Sterne Maße zählen?

Wie werden wohl Demente lachen,
wenn sie im Himmel einst erwachen?
Sind dann versöhnt, ihr Gestern und ihr Morgen
und ewig sie in Gottes Weisheit sanft geborgen?

Was seht ihr denn?** 26. (2008)

Was seht ihr denn? Wo schaut ihr hin?
Könnt ihr ermessen, wer ich wirklich bin?
Könnt schauen ihr durch dies welke Kleid,
was tief im Herzen schlummert in Geborgenheit?

Seht ihr, was ich in Liebe hab getragen durch dies Leben,
was in mir wurd´ geformt, durch meiner Seele Streben?
Es liegt nun unter ergrautem Haar und falt´ger Haut,
in einem Körper, der an Energie und Kraft schon abgebaut.

Ich hab´s in all den Jahren nie verloren,
es blieb tief in mir, seit ich geboren,
es reift´ und wuchs heran zu voller Entfaltung,
gab Stütze mir und eine sichere Haltung.

Als froh ich in dies Leben trat,
mit jungem Körper, klein und zart,
fühlt ich mich bald so ungeschützt
und fragte mich, was da wohl nützt.

** Aus: Wer weiß, wie wir mal werden –
   Selbstentwicklung kreativ fürs Alter nutzen
   2014 im gleichen Verlag veröffentlicht

War ich zu schwach für diese Welt,
in der nur das Starke, Laute zählt?
Man sagte mir, du musst erst richtig reifen,
dann kannst du deinen Mantel überstreifen.

Ich wuchs heran und wurde größer,
doch fühlte ich mich oft noch blößer.
Und wieder musste ein neuer Mantel her,
ich zog ihn an und wurde dadurch mehr.

Was hört ihr denn, vernehmt ihr auch den Sinn?
Hört ihr die Stimme, die da ruft in mir: Ich bin?
Achtet ihr nur auf der lauten Worte Klang?
Bedenket wohl, auch das Stumme ist von Belang.

Lauscht doch! Hört ihr den Klang der Geigen,
wenn Liebespaare sehnsuchtsvoll miteinander
Schweigen?
Und da, es ruft aus mir und sitzt tief innen drin,
hört ihr denn nicht das Kind, das ich gewesen bin?

Wie Gitterstäbe sind die Rippen gebogen,
von ledernen Häuten und Mänteln überzogen.
Lang schon tönt es mit Macht dumpf an mich ran,
zieht mich aus tiefen Gewölben in seinen Bann.

Die Mäntel, die einst Hülle und Schutz mir gegeben,
sie erdrücken mich heute und hindern mich am Leben.
Ich will die Last nun nicht mehr weiter tragen,
will lachen, wie in frühen Kindertagen.

Weinen und Lachen, das einst Sehnsucht hieß,
in eigener Brust gefangen sitzt, wie im Verließ.
Die lange Haft ist nun vorbei,
Es bricht heraus mit lautem Schrei.

Was spürt ihr denn, von meinem inneren Nagen?
Könnt ahnen ihr, was ich so lang ertragen?
Wer fühlt denn schon, was mich bedrückt?
Wer hält mich nicht nur für verrückt?

Was ahnt ihr schon, warum ich heut' so zitter?
Durch meine Seele braust ein schweres Gewitter.
Es zuckt in mir und drückt mir auf den Magen,
mein Herz fühlt sich, wie vom Blitz erschlagen.

Spürt ihr denn nicht die Schmerzen dieser langen Nacht?
Ahnt nicht, was sich schon bald zur Vollendung gebracht?
Dies ist, dies war mein reiches Leben.
Ich will zurück nun alles Empfangene geben.

Das lang verborgene Kind wird neu geboren.
Geb ich auch alles her, so ist doch nichts verloren,
denn meines Lebens reiche Fülle
welkt nicht vergessen, in dieser Hülle.

In falt'ger Haut hat sich in mir vollendet,
was nun sich einem andren Dasein zuwendet.
Es bleibt zurück, die welke Haut im hohem Alter,
verlassen, wie die Puppe von ihrem schönen Falter.

Dreh Dich nicht um,   27.   (2010)
der Zeitgeist geht um!

Wenn du dich umdrehst und bleibst am Verflossenen
gebunden,
Wirst du – wie's allen Gestrigen geht – von der Zeit
überwunden.
Denn jeder kann sich mit jungem Geiste und mutigen
Herzen,
Selbst überwinden, und erlösen, die in der Seele lodernden
Schmerzen.
Dreh Dich nicht um,
der Zeitgeist geht um!

2

Erkenne und trage das Zeichen hinein, in die neu
aufkommende Zeit.
Allein dein Halt in dir trägt dich und macht dich deinen
Weg zu gehen bereit,
gibt Kraft dir zu helfen, die verkehrte Welt zu wandeln,
mit Mut Gutes zu wirken, durch dein sinnvolles Handeln.
Dreh Dich nicht um,
der Zeitgeist geht um!

3

Wann zahlen die grauen Herren, für die Schätze und
Berge von Schuld, ihren Zoll?
Sind nicht ihre Taten des Grauens, aus qualvoller Kälte,
zum Bersten längst voll?
Wohl wissen sie, dass die, dem Gelde errichteten Türme
ihrer Macht,
Wie einst die Bäume, die dafür wichen, stürzen in
dunkelster Nacht.
Dreh Dich nicht um,
der Zeitgeist geht um!

4

Doch das erdrückend überdehnte Maß erfüllt sich,
den geschunden und wartenden Amen endlich.
Sie fordern zurück, den schmerzbeladenen Lohn,
denn gesühnt soll werden, für spöttischen Hohn.
Die alten Geister treten nun ab – beendet wird die Zeit
des Mamon,
Noch harren sie aus und opfern in den Sümpfen, ihrem
grauen Patron,
Dreh Dich nicht um,
der Zeitgeist geht um!

5

Die Freiheit, habt ihr nur dadurch bekommen,
dass ihr sie anderen vieltausendmal genommen.
Wenn der Zeitgeist sich dreht, eure Macht zerfällt:
Die Säule, die euch gestützt, am Boden zerschellt.
Es schickte der Zeitgeist hinaus, in alle Winkel weltweit,
Boten und Seher, zu verkünden den Beginn einer neuen
Zeit.
Dreht euch jetzt um,
Eure Zeit ist längst rum!

6

Und du, kannst du spüren, hören und sehen, die neuen
Zeiten heraufkommen?
Denn die, welche bereit sind – haben das Rufen längst
schon vernommen.
Sie sehen es Leuchten, die Lüfte schwirren und die Wellen
schon wallen.
Schon sind die babylonischen Türme, der einst festen
Macht, zu Staub zerfallen.
Dreh Dich jetzt um,
und bleib nicht länger stumm!

7

Was unten war, das steigt kraftvoll nun auf.
Das Rad der Geschichte nimmt einen neuen Lauf.
Die oberen sinken hinab auf trüben Grund.
Das farblose Leben wird endlich wieder bunt.
Nun endet die lange erdrückende Macht.
Das Kartenhaus ist in sich zusammengekracht.
Dreh Dich nicht um,
der Zeitgeist geht um!

8

Die größten und schärfsten Waffen werden stumpf.
Es versinken die Herrscher im eigenen Sumpf.
Die selbsternannten Heroen bleiben allein.
An ihrer Seite will jetzt niemand mehr sein.
Und angstvoll treten sie an: Ihre Reise ohne Wiederkehr.
Und endlich fürchten die Millionen ihre Schreie nicht mehr.
Seit sie die laute Stimme der Freiheit vernommen,
sind die Getrennten wieder zusammengekommen.
Dreht Euch nicht um,
und bleibt nicht länger stumm!

9

Sehnsucht und Hoffnung jetzt Milliarden verbindet,
den Hass, die Verzweiflung von Jahren überwindet.
Durch der Erde Eruptionen sind ihre Kinder erwacht.
Despoten bäumen sich auf, im Glauben an alte Macht,
sie merkten nicht, dass die längst schon entschwunden
und reißen im Volk nur noch sinnlos blutige Wunden.
Dreh Dich nicht um,
denn ihre Zeit ist rum!

10

In den Herzen wirkt die Kraft, die den Hass überwindet
und Menschen über alle Schranken von Neuem verbindet.
Im Glauben an die eigene Stärke ist die Solidarität er-
wacht
und hat mehr und mehr Menschen zusammengebracht.
Liebe und Menschlichkeit treten aus dem Schatten ins
Licht.
Der Zeitgeist wandelt durch ein Lächeln der Erde Gesicht.
Der Despoten Herrschaft wird bereitet das Ende.
Von innen kommt die Kraft für die äußere Wende.
Dreh Dich nicht um,
der Zeitgeist geht um!

11

Wenn auf den alten Wegen es nicht mehr weitergeht
und sich der Zeitgeist in eine neue Richtung dreht,
schickt er einen jeden auf eine unerwartete Reise,
und so manches löst sich – auf wunderbare Weise.
Es öffnen sich sonst unüberwindliche Schranken
und wir lernen wieder für das Kleine zu danken.
Und wenn wir gänzlich aus tiefstem Herzen leben,
gelingt uns endlich, die Erde zum Himmel zu heben.
Seh' Dich nur um,
der Zeitgeist geht um!

Kahlköpfige Kapitalvermehrer 28. (2015)

Kahlköpfige Kapitalvermehrer predigen protzig,
weltweites Wachstum.

Weltfremdes Wirtschaften praktiziert privatisierten,
kompletten Kahlschlag.

Wohlhabende Wohlstandswahrer wehren Wohlfahtsbe-
dürftigen, würdevollen Weiterbestand.

An die Regierenden   29.   (2011)

Wir sind die Zuschauerdemokraten,
und schicken gleich unsere Diplomaten,
wenn irgendwo ein Volk Despoten aufschreckt,
die von uns als Garanten des Friedens hochgereckt.
Und lässt der die Friedensbewegten niederhaun,
zeigen wir uns betroffen – durch betretenes Wegschaun.
Demokratie und Frieden rufen wir in die Welt
und unterstützen den Diktator mit weiterem Geld,
auf dass er sein Volk und die Freiheit unterdrücke,
und vom stabilen Frieden nicht wieder abrücke.

Wir sind die Zuschauerdemokraten,
und vollbringen die größten Taten,
indem wir gespannt in die Röhre schauen,
während andere eine neue Welt aufbauen.
Den Pakt mit jedem Teufel schließen wir gern,
der hält uns die Elenden und Hungrigen fern.
Zeigt ein solcher Teufel der Welt sein hässliches Gesicht:
Lässt er sein ausgehungertes Volk bluten – wir helfen
nicht!
Wir gehen auf Distanz –aus dem Geschäft halten wir
uns raus,
denn Pakt ist Pakt: auch dieser Krähe hacken wir kein
Auge aus!

Wir sind die Zuschauerdemokraten,
Heute schicken wir euch keine Soldaten.
Bei uns könnt ihr diskret Waffen einkaufen,
und euch selbst mit euren Nachbarn raufen.
Alle Welt sieht, wer da lässt die Menschen bluten
– und wer Wohltäter ist: Wir zählen zu den Guten!
Doch der Menschen Freiheitswillen unterstützen,
da fragen wir uns ernstlich, was soll's uns nützen?
Erkämpft das Volk die Freiheit aus eigener Kraft,
zeigen wir der Welt, dass sie's nur durch uns geschafft.

Wir sind die Zuschauerdemokraten,
und essen selbst den fetten Braten.
Freiheit dem Egoismus heisst unsere Religion.
Ihr Hungernden, wollt ihr auch was davon?
Eure Angelegenheiten löst besser ganz allein,
an euer Schlachten wollen wir nicht schuldig sein.
Und nach dem Töten macht alles für uns frisch,
dann setzen wir uns an euren gedeckten Tisch,
bedauern lautstark, dass es so kommen musste,
retten die an unserem Kapital erlittenen Verluste.

Wir sind die Zuschauerdemokraten,
und wollen euch immer klug beraten.
Während wir fleissig unser Geld zur Seite geschafft,
habt ihr nur an euer Essen von heute gedacht.
Und morgen wollt ihr auf unsere Kosten leben!
Ist nicht einzusehen, dass wir euch was abgeben:
Unseren Besitz haben wir uns mühsam erspart.
Und die, die hungern: Die arbeiten nicht hart!
Und merkt euch: für uns ist das nur wertes Leben,
was unseren Reichtum kann noch weiter anheben.

Wir sind die Zuschauerdemokraten,
und euch lassen wir ewig warten.
Und kommen zu uns die Hungernden dieser Welt,
fürchten wir um unser, von ihnen geraubtes Geld.
Für euch ist der Tisch nicht gedeckt,
so sehr ihr euch auch danach reckt!
Ihr könnt unseren Reichtum noch so sehr loben,
ihr Hungernden werdet doch alle abgeschoben!
Wir verteidigen Menschenrechte und Demokratie,
doch nur für uns selbst – für euch gilt das nie!

Wir sind die Zuschauerdemokraten,
und loben unsere eigenen Großtaten.
Wir sind die wahren Kulturschaffenden
und die größten Meister der Geldraffenden.
Euch geben wir Gesetze und schaffen Recht,
die ganze Welt machen wir zu unsrem Knecht.
Das Recht auf Freiheit können wir euch nicht gewähren,
solange ihr uns nicht anerkennt, als eure rechtmäßigen
Herren!

Wir sind die Zuschauerdemokraten,
auf unsere Hilfe braucht ihr nicht warten.
Euer Anblick und Nähe tut uns wirklich nicht gut,
ihr Hungernden bedroht uns, mit mächtiger Flut.
Wir sind Individualisten –ihr seid nur Massen:
zu bewerten nach Herkunft, Völker und Rassen.
Wir sind nunmal besser und stärker und schlauer,
grenzen euch aus, durch Besitzstand und Mauer!

Wir sind die Zuschauerdemokraten,
Freiheit verkaufen wir auf Raten.
Haben wir erst mit Bomben den Diktator vertrieben,
ist vom Land nicht mehr viel übrig geblieben.
Und wollt ihr danach weiterleben,
können wir euch gute Kredite geben.
Euere Rohstoffe sind zwar begehrt,
doch sind sie nicht mehr viel wert.
So lasst uns gründlich euer Land ausplündern,
dann wird bald sich eure Not schon mindern.

Wir sind die Zuschauerdemokraten,
und sind besser als alle Piraten!
Als der Weltmärkte Freibeuter sind wir in jedem Land.
Die Schätze der Erde bringen wir in unsere Hand.
Uns interessieren die Menschen, die darauf wohnen,
einzig wenn sie unsere Arbeit tun und uns belohnen.
Wir bringen Krisen über jedes Land
und raffen Geld mit sicherer Hand.

Gedanken bei der Verfolgung der Nachrichten über die Ereignisse des »Arabischen Frühlings« im Jahre 2011. Der Text ist ironisch-sarkastisch gemeint.

Die sich mit fremden Federn schmücken,
sich allein nur an sich selbst entzücken.
Sich drängen stets ins grellste Rampenlicht
und sind so sehr auf Lob und Ehr' erpicht.

Und vorn' sie nach der Menschen Munde reden
doch hinten spinnen sie geheime Fäden.
Sind ihnen Opfer dann ins Netz gegangen,
tönen sie laut: Mitgefangen heißt mitgehangen!

Sie lassen sich vom goldnen Licht bestrahlen
und suchen andere stets, die für sie zahlen.
Die anderen werden mit Müh und Plag' gequält.
In Niedrigkeit werden sie zum Hohn der Welt.

Die scheinbar ihren eigenen Wert nicht kennen,
für die Eitlen eifrig kilometerweit stets rennen,
und lassen sich wie Esel mehr und mehr bepacken,
man sieht sie für'n Hungerlohn sich kräftig placken.

Ob beide wohl sich wirklich lieben oder hassen?
Können sie doch niemals voneinander lassen.

Best-Welt-Wirtschaft über alles,
über alles auf der Welt.

Best-Welt-Wirtschaft, Best-Welt Wirtschaft,
über alles auf der Welt.

Gibst uns Geld und gibst uns Hülle.
Sorgst für Warenreichtum in Fülle.

Grenzenlos sind deine Güter,
auf der ganzen Welt verteilt.

Und durch unser aller Glückes Hüter
werden Menschen in jeder Not geheilt.

Best-Welt-Wirtschaft über alles,
über alles auf der Welt.

Best-Welt-Wirtschaft, Best-Welt-Wirtschaft,
über alles auf der Welt.

* Aus dem Roman: Die Wiederkehr der Morgenlandfahrer
  2015 im gleichen Verlag veröffentlicht

Raffgier, Raffgier über alles,
über alles auf der Welt!"

Raffgier, stellst du über alles,
über alles auf der Welt!

Best-Welt-Wirtschaft, raffst uns alle.
Ahnungslos tappten wir in deine Falle.

Dein maß- und grenzenloses Wüten
hat restlos die ganze Welt ereilt.

An alle Menschen hast du jetzt Gift verteilt.
Im braunen Wasser soll unser Tod nun brüten.
Best-Welt-Wirtschaft nun ist´s soweit:
dein Ende ist gekommen, wir sind längst bereit!

Best-Welt-Raffgier hat bald ein Ende,
denn durch unser aller starke Hände,

wird die Welt von dir befreit,
wird die Welt von dir befreit!

---

* Aus dem Roman: Die Wiederkehr der Morgenlandfahrer
  2015 im gleichen Verlag veröffentlicht

Was heilt?   33.   (2012)

Was heilt, wenn nach durchstandener Hungersnacht
die Macht der Mächtigen wurde überwunden?

Was heilt die, durch Jahre lähmender Ohnmacht,
in uns're Herzen und Seelen gerissenen Wunden?

Was heilt, wenn die Trauer verlernt und die
Tränen selbst verschwunden,
wenn die Seelen abgetaucht, während die Körper
wurden geschunden?

Was heilt, wenn jede Hoffnung längst entschwunden.
Was lässt das Herz trotz alledem wieder gesunden?

Wie viel?   34.   (2015)

Wie viel Krieg braucht der Frieden?
Wie viel Lügen braucht die Wahrheit?
Wie viel Zwänge braucht die Freiheit?
Wie viel Unglück braucht das Glück?
Wie viel Licht braucht die Klarheit?

Ein Weg ist eine Möglichkeit.
Ein Lebensweg ist eine Möglichkeit zu leben.
Das Leben selbst ist der Weg.
Dein Leben ist Dein Weg.

Wirklich leben bedeutet, Deinen Weg zu gehen,
bewusst und mit ganzem Herzen.
Jeder neue Schritt bleibt ein Schritt ins Ungewisse.
Gewiss bleibt nur eins:

Verlässt Du Deinen Weg, so verlässt Du Dein Leben,
Du kannst diese fremden Pfade gehen,
doch kehre zurück auf Deinen Weg,
kehre zurück in Dein Leben.

Du könntest sterben, bevor Du Dein Leben gelebt hast.

Warum fragst Du also nach dem Ziel Deines Weges?
Nicht irgendein Ziel zu erreichen,
sondern Deinen Weg zu gehen,
***Dein** Leben zu leben, gilt es.*

Ich –
gibt es mich?
Kraft ohne Ziel
Wünsche – so viel.
Wesen ohne Halt
Hoffe es passiert bald.

Sinn –
find' ich den?
Idee ohne Tat,
Leben ohne Mut.
Hände, die niemanden berühren,
möchten gerne jemanden spüren.

Arbeit –
die bin ich los!
Heut' ohne Freud'
Morgen wie heut'.
Was auch geschieht, es ist egal,
das Leben ein einziger Wartesaal.

Suchen und Finden 37. (1994)

Auch die Phase des Suchens ist wichtig.
Zeit nehmen, im Suchen zu sein.
Zeit nehmen, das Suchen zu beschließen.

Das Finden-Wollen aufzugeben.
Das Gefundene aufzuheben.
Finden ist wie ein Quantensprung!

Zeit nehmen, das Finden zuzulassen.
Zeit nehmen, das Gefundene anzunehmen.
Zeit nehmen, das Gefundene Wert zu schätzen.

Wahrheit   38.   (2014)

Und wer die Wahrheit glaubt gefunden,
hat der dann auch die Lüge überwunden?

Und wer das Wissen hat errungen,
ist in ihm jeder Zweifel verklungen?

Und wer die Weisheit hat erfahren,
wird nie mehr töricht mit den Jahren?

Und wer Wohlstand hat erlangt,
nie mehr um Reichtum bangt?

Und wem das Glück ist wiederfahren,
ist der dann glücklich, mit Haut und Haaren?

Und wer all die Liebe trägt im Herzen,
wird der fortan leben ohne Schmerzen?

Und wer Gottes Güte in der Seele spürt,
wird sein Gemüt nie von Gram gerührt?

Und wer die Antwort hat für diese Fragen,
wird der sich in Gottes Ewigkeit daran laben?

Lampe   39.   (1987)

Lampe, wie schön ist dein Licht!
Die Birne glüht am Abend so hell,
zieht an, Motten mit Fliegengewicht.
Bist du auch manchmal zum Lesen zu grell,
ohne dich wären die Nächte recht kläglich:
Die Dunkelheit machst du erst erträglich.
Und ist erst die äußere Blendung genommen,
wird Licht auch in dunklere Herzen kommen.

Der »Große Bruder« hält Wacht   40.   (2015)

Einst war der »Große Bruder« die Gefahr,
jetzt ist der »Große Bruder« endlich da!
Ihm kannst du wirklich alles anvertraun,
ihm lässt du gern in deine Karten schaun.
Hast du bisher geglaubt, du seist klein und nichtig,
was du auch tust, für ihn ist alles furchtbar wichtig.
Dem »Großen Bruder« bist du wirklich nicht egal,
was du auch brauchst, du findest es im Regal.
Er denkt für dich und lenkt perfekt dein Leben
und dafür musst du ihm nur deine Daten geben.

Lasst die Kinder sein   41.   (1988)

Lasst die Kinder sein, wie Kinder.
Lasst sie **in** der Welt sein.
Gebt ihnen nicht die Welt,
damit sie diese besitzen.

Versuche nicht, wie Luxusgüter,
Zeit zu haben. Sei nur ihr Behüter.
Sie zu besitzen wird Dir nicht gelingen,
ums Beste Deines Lebens wirst Du Dich bringen.

Märchen vom Kampf gegen das Böse   42.   (2015)

Wer auszieht das Böse zu besiegen,
glaubt, er müsse alle Welt bekriegen,
ist bald nur noch von Feinden umgeben
und kämpft und kämpft – gegen des Bösen Streben.

Seit Jahrtausenden so viele Hunderttausendmal,
bringst du den Menschen Leid, ach und Höllenqual.
Und weil das Böse in deinem eigenen Herzen liegt,
hat am Ende wieder das Böse triumphierend gesiegt.

Inhalt

Norbert Wickbold

1973-1984 Lehr- und Gesellen-
jahre als Elektriker,
drei Semester Physik-
Studium an UNI Bremen
1985-1989 Diplom-Studium in
Kunsttherapie/Kunstpäda-
gogik und freie Arbeit als
Dozent für künstlerische und literarische Kurse
1994 Altenpflegeausbildung, Arbeit als Altenpfleger
2001 Fortbildung zur Gerontopsychiatrischen Fachkraft
2002 Abschlussarbeit: *»Kunsttherapie im Alter«*
2003 Beginn der schriftstellerischen Arbeit
2005 bis 2012 Leitung von Gedächtnistrainingskursen
2007 Fertigstellung der 1.Fassung des Romans:
»Die Wiederkehr der Morgenlandfahrer«
2008 *»Norbert Wickbold's kleine Denkzettel«* starten
mit: *»Das Henne-Ei-Paradoxon«*
2008-2010 Master-Studium in Erwachsenenbildung
2010 Veröffentlichung des Beitrags:
*»Vom Sinn des Lebens, des Sterbens und der
Aufgabe des Alters«* in Heft 23 der Zeitschrift:
»Psychosynthese«, ,Navo-Verlag, Zürich
2012 bis 2015 Gedichtsammlung:
»Was seht ihr denn? – 40 Gedichte und Gedanken«
2014 *»Wer weiß, wie wir mal werden?« wird* im
Tredition-Verlag, Hamburg veröffentlicht
2015 *»Die Wiederkehr der Morgenlandfahrer«*
wird im Tredition-Verlag, Hamburg veröffentlicht

Der Roman, der zur Quelle führt:

Die Wiederkehr der Morgenlandfahrer

Die Idee der Morgenlandfahrer Hermann Hesses wird hier wieder aufgegriffen und mit hochaktuellen Themen verknüpft: Auf der einen Seite steht eine gigantische, den Globus beherrschende Wirtschaftsmacht und ihr gegenüber befindet sich die entmachtete Gruppe der Vielen. Ein paar Wenige wagen es, um ihr Grundrecht auf sauberes Wasser zu kämpfen und bringen das Machtgefüge der Weltmacht an seine Grenzen. Der Roman:

Die Wiederkehr der Morgenlandfahrer

gibt Hoffnung auf die Kraft von Einzelnen, die ihre innere Quelle gefunden haben. Hier geht es darum, seinem Stern zu folgen und daraus Kraft für die Bewältigung auch sehr schwieriger Aufgaben zu ziehen. Die Reise der Morgenlandfahrer ist eine Reise durch die innere Wüste seiner eigenen Seele. Es ist eine Reise zur inneren Quelle. Sieben Künste weisen den Weg dorthin. Jeder findet seinen eigenen Weg. Der Leser bekommt einen spannenden Roman vorgelegt, der Hoffnung machen will, dass auch eine globale Bedrohung überwindbar ist. Er kann sich ohne Weiteres in einer der Hauptfiguren wiederfinden und erhält somit schnell einen eigenen Bezug zu Thema und Inhalt des Romans. Und er kann sich auf seinen eigenen Weg zu seiner eigenen Quelle begeben!

Der Roman,
der zur Quelle führt

336 Seiten **€ 18,50** (D) Tb

ISBN:
978-3-8495-9890-7 (Paperback)
978-3-8495-9891-4 (Hardcover)
978-3-8495-9892-1 (e-Book)

Der Ratgeber zum Thema Alter:

Wer weiß, wie wir mal werden?

Selbstentwicklung kreativ fürs Alter nutzen

Im Alter würdevoll Leben, möglichst ohne Leiden zu müssen, dass wünschen sich viele Menschen. Ist das möglich? Nach 20 Jahren Arbeit in der Altenpflege, behaupte ich: Ja!

Es ist möglich, wenn wir bereit sind, unser Leid anzunehmen. Dann können wir es wandeln. Mit Hilfe unserer Lebenserfahrung, der Kunst und verschiedener therapeutischer Ansätze können wir einen inneren Wandel vollziehen und den Abbau- und Sterbeprozess kreativ wandeln in einen Aufbau- und Intergationsprozess.

Das Buch vereint viele Beispiele aus der Praxis, der Kunst, der Dichtung und der Forschung und zeigt sieben Wege zum kreativen Altwerden auf.

Wer weiß, wie wir mal werden?

384 Seiten, mit vielen, teils
farbigen Abbildungen

Paperback: **€ 24,49** (D)

Hardcover: **€ 30,80** (D)

eBook: **€   2,99** (D)

ISBN:
978-3-8495-9811-2 (Paperback)
978-3-8495-9812-9 (Hardcover)
978-3-8495-9813-6 (e-Book)

Die Seminare zu:

Wer weiß, wie wir mal werden?

Im Anschluss an eine Einführung lade ich dich ein, mit den hier beschriebenen sieben Wegen – und dem persönlicheren Du – in dir selbst die Seelenanteile zu entdecken, die dich befähigen, im Alter eine Persönlichkeit zu sein, die souverän und weise ihr Leben führt.

Sieben Wege zu deinem kreativen Altern

Einführung: *Dein Lebensschiff bis ins hohe Alter souverän steuern:*

1. Die Bilder deiner Seele sprechen lassen

   Deine Krisen bewältigen und deine Träume leben

2. Deine Biografie als Gestaltungsaufgabe

   Dich neu entdecken im Verwirklichen deiner Ziele

3. Dreh dich nicht um! Deine Blockaden lösen

   Deinen eigenen Schritt im Tanz des Lebens finden

4. Auf künstlerischen Wegen
   deiner Weisheit entgegen

   Im Wandel des Lebens
   deine eigene Form finden

5. Empfangen der Würde im Alter

   Dir Gegebenes und dir
   Gelungenes wertschätzen

6. Mit Worten malen

   Deinem Werden und Wandel
   eine Stimme geben

7. Wer weiß, wie wir mal werden?

   Die Teile deines Lebens
   zum Ganzen zusammenführen

Nach der Einführung können die 7 Seminare zur
thematischen Vertiefung besucht werden. Zusam-
mengenommen fügen sie sich zu einer Ganzheit.

Die Denkzettel:

Norbert Wickbolds Denkzettel

Hier werden in einer locker erscheinenden Reihe durch oftmals un-
gewöhnliche Denk- und Sichtweisen in einer meist humorvollen
Weise Lebensthemen erörtert. Dies ist auf zwölf kleine Seiten, die
in jede Jackentasche passen, beschränkt. Mit meinen Zetteltexten
möchte ich meine interessierten Leser zu ungewohnten Denkwei-
sen anregen. Deshalb habe ich sie Denkzettel genannt. Den Auftakt
bildet die Erörterung des Henne-Ei-Paradoxons. Darin heißt es:

*»Da es sich hierbei um eines der letzten ungelösten Fragen der
Menschheit handelt, kann auch ich nicht der Versuchung widerste-
hen, hierzu ein paar Worte zu verlieren.«*

Diese Texte sind also durchaus nicht immer ganz ernst zu neh-
men. Vielleicht kommen Sie bei deren Lektüre ins Schmunzeln
und es fällt Ihnen anschließend leichter, Altbekanntes neu zu be-
trachten und es auf bisher ungeahnte Weise zu bedenken...

Format: 120 x 190 mm, 116 Seiten

Erscheinen voraussichtlich im Dezember 2015

Paperback: **€ 9,50** (D)

Hardcover: **€ 17,50** (D)

eBook: **€ 2,99** (D)

ISBN:
978-3-7323-2611-2 (Paperback)
978-3-7323-2612-9 (Hardcover)
978-3-7323-2613-6 (e-Book)

Zeitfracht Medien GmbH
Ferdinand-Jühlke-Straße 7
99095 Erfurt, Deutschland
produktsicherheit@kolibri360.de